A. B. C.

MUSICAL,

Dédié au Pensionnat de Bains et aux Mères de famille.

PAR P. OROBITG,

PROFESSEUR DE PIANO,

※◦※

PARIS,

CHEZ SCHOWENBERG, ÉDITEUR, BOULEVARD POISSONNIÈRE, 10;
ET TROUPENAS ET COMP⁰, RUE NEUVE-VIVIENNE, 40.

1855.

Vp

C.

A. B. C.

MUSICAL.

———•—•—•———

§ 1.

DÉFINITION DE LA MUSIQUE.

La musique est le produit de sons appréciables à l'oreille, soit que des voix humaines ou des instruments, construits à leur image, causent le bruit mélodieux ou musical.

Lorsque une seule voix ou un seul instrument fait une succession de sons, la musique est purement mélodieuse ; mais si deux ou un plus grand nombre de voix ou d'instruments chantent ou exécutent simultanément, la musique est alors harmonieuse : ce qui pourtant ne l'empêche pas d'être mélodieuse en même temps, ainsi que l'on peut s'en convaincre lorsque l'on écoute, par exemple, un air accompagné soit par l'orchestre ou le piano-forté.

On a dit, écrit et répété que la musique était une *langue universelle*, parce que les peuples les plus opposés par leurs mœurs et surtout par leur langage national pouvaient exécuter avec précision et ensemble une composition écrite, n'importe par quel musicien, italien, allemand, anglais ou français, et que cette même composition était naturellement accessible à toutes les intelligences. Matériellement, la musique, dont l'expression écrite est la même pour tous les peuples civilisés, possède l'admirable faculté de pouvoir être interprétée n'importe par quelle nation policée; ce n'est donc pas de sa *notation* ou écriture dont nous voulons parler ici, mais bien plutôt de l'effet direct qu'elle est susceptible de produire sur l'âme de ceux qui l'écoutent. Car, ce serait rabaisser beaucoup un art que de lui donner ainsi la faculté d'être compris, et partant admiré de *tous*. La musique, plus que tous les autres arts peut-être, a besoin d'avoir pour auditeurs des intelligences exercées. Non que nous prétendions nier qu'une poésie *chantée* ne puisse produire de l'effet aux hommes les plus vulgaires; mais alors la poésie elle-même, écrite dans la langue maternelle des auditeurs, est une des causes du succès, parce qu'elle sert de brillant programme à sa sœur, la mélodie.

La *Marseillaise*, toute belle qu'elle est, musicalement parlant, ne serait pas venue jusqu'à nous, enfants de ce siècle, sans le secours de la poésie palpitante de Rouget-de-l'Isle.

Du reste, le peu de popularité dont jouissent la plupart des compositions instrumentales prouve toute la vérité de cette assertion : savoir, que la musique proprement musique, c'est-à-dire subsistant sans le secours des voix et de la poésie, ne produit qu'un vain bruit aux oreilles de la foule ignorante.

§ 2.

NOTATION MUSICALE ANCIENNE ET MODERNE;

GAMME, PORTÉE, CLEFS, FIGURES DE NOTES.

Comme tous les arts, la musique a des moyens matériels d'expression, c'est-à-dire qu'on a dû avoir recours à certains signes graphiques pour perpétuer, par l'écriture, toute espèce de chant et d'harmonie. Avant Guy d'Arezzo, vers 960, on se servait, pour noter l'antique psalmodie, des six lettres suivantes représentant la majeure partie des sons musicaux connus généralement sous le nom de *gamme* :

C, D, E, F, G, A.

Plus tard, on ajouta la lettre B ou H aux six lettres précédentes, lorsque la gamme fut augmentée d'une septième note, qui pourtant existait, mais prenait le même nom de lettre que celui de la première (le C). Ces sept lettres représentaient nos sept notes, connues de tous sous les noms de :

UT (ou *do*), RÉ, MI, FA, SOL, LA, SI (*).
C   D   E   F   G   A   B ou H.

Pour donner l'étymologie du mot gamme, nous devons dire à ceux de nos lecteurs qui, comme l'Henriette des *Femmes savantes*, ne savent pas le grec, que, dans cette langue, la lettre C se nomme *gamma*. Or, comme la première des *lettres-notes* était un C ou gamma, on donna à toute la réunion des lettres musicales le nom générique de *gamme*.

Déjà, avant Guy d'Arezzo, on avait essayé de remplacer par de petits points noirs les notes-lettres; mais afin de donner à ces points un nom et une signification sonore différente, on imagina : 1° les lignes horizontales, telles que celles dont nous nous servons encore aujourd'hui, mais employées en plus grand nombre ; 2° et pour lier l'ancien système avec le nouveau que l'on allait proclamer, on conserva de toutes les lettres musicales les trois lettres : G, C et F.
                               (sol) (ut) (fa)

Une seule d'entre elles trois, placée au commencement de la première réunion de lignes, que nous appelons *portée* (ou réunion), servit à donner le nom aux petits points ou notes.

La forme actuelle de ces trois signes, nommés *clefs* par les modernes avec tant de justesse, rappelle avec assez de fidélité celle des lettres gothiques primitives.

La clef de *sol*, la clef d'*ut* et la clef de *fa*.

Si la clef d'*ut* n'offre réellement aucune ressemblance avec le C gothique, on remarquera que les anciens employaient souvent à sa

(*) Afin de donner un sens complet à la gamme, on ajoute le premier son après le septième, c'est ce qui forme l'*octave*.

place la lettre **K** (*Karolus* pour *Carolus*). Or, la clef d'*ut* actuelle ressemblant beaucoup au K gothique, notre observation sur la forme des lettres-notes et des signes-clefs subsiste dans toute sa force.

Guy d'Arezzo fixa le nombre des lignes à quatre; et la portée musicale, ainsi limitée par ce savant et ingénieux artiste, nous a été conservée dans le plain-chant ou chant ecclésiastique; et, comme de son temps on ne mettait en musique que la poésie latine et sacrée, les syllabes longues et brèves du texte saint lui suggé- rèrent l'idée d'imiter la plus ou moins longue durée de ces mêmes syllabes par des figures de notes d'une forme différente.

Ainsi furent créées la *maxime*, la *longue*, la *brève* et la *semi- brève*.

Plusieurs siècles après cet homme de génie, on découvrit que la musique était un tout complexe, c'est-à-dire moitié *art*, moitié *science;* et l'on soumit la mélodie qu'elle enfantait au joug de la *mesure*.

La langue romane ou vulgaire, qui avait plutôt des accents diffé- rents qu'une véritable prosodie, contribua puissamment à la créa- tion de la mesure musicale, ou division d'un mouvement donné en temps parfaitement égaux.

Ainsi, la notation musicale, telle que nous la connaissons et l'employons encore au dix-neuvième siècle, a subi deux transfor- mations complètes avant d'être irrévocablement arrêtée.

D'abord, elle s'est formulée par des lettres, puis par des points placés sur des lignes horizontales, ce qui obligeait à les employer en trop grand nombre; enfin, trois lettres ont seules été conser- vées pour être placées l'une ou l'autre au commencement de la portée musicale réduite à quatre lignes, afin de donner un nom précis à chaque différent point-note, représenté plus tard par des figures portant en elle-même la signification de leur durée; et, de plus, la notation s'est faite aussi bien sur les quatre lignes que dans les trois interlignes ou espaces de séparation.

De nos jours, la musique s'écrit sur cinq lignes et leurs quatre interlignes. L'étendue de certaines voix et instruments oblige même à ajouter de petites lignes supplémentaires graves et aiguës;

Nos sept notes, indiquées plus haut, peuvent avoir aussi sept figures différentes.

La clef de *sol* se pose sur la première et sur la seconde ligne. (Cette dernière position est la seule ostensiblement usitée.) *

La clef d'*ut* se pose sur la première, la deuxième, la troisième et la quatrième ligne. (Elle n'est plus usitée ostensiblement sur la deuxième ligne.)

Enfin, la clef de *fa* se pose sur la troisième et la quatrième ligne. (Cette dernière position est la seule usitée ostensiblement.)

Voici comment les clefs donnent le nom aux notes.

Prenant pour exemple de cette démonstration la clef de *sol* deuxième ligne, nous remarquerons que la boucle de cette clef est traversée par la deuxième ligne de la portée, ce qui signifie que *toute note* placée sur cette deuxième ligne s'appellera *sol*. Or, en continuant l'ordre ascendant et naturel de la gamme d'*ut* à partir du *sol*, on trouve, sur le premier interligne, le *la*; sur la troisième ligne, le *si*, etc. Le même procédé a lieu en sens inverse, si l'on veut descendre la gamme à partir du même point de départ. A l'égard des deux autres clefs, il suffit de se rappeler que la ligne doit traverser, soit les deux articles de la clef d'*ut*, soit enfin les deux points de la clef de *fa*.

Voici un exemple des sept figures de notes dont il a été parlé précédemment :

1° La ronde ; 2° la blanche ; 3° la noire ; 4° la croche ; 5° la double-croche ; 6° la triple-croche ; 7° la quadruple-croche.

La ronde, étant la figure de note principale et d'où découlent toutes les autres, a la valeur de durée la plus longue : c'est-à-dire que, pendant son exécution, on peut faire entendre soit deux blanches, quatre noires, huit croches, seize doubles-croches, trente-deux triples-croches, et, enfin, soixante-quatre quadruples-croches.

Or, puisque la ronde, principe de la subdivision des sept figures de notes, a une valeur intrinsèque si grande, il suit naturellement que :

(*) On verra, à la section qui traite de la *transposition*, que plusieurs positions de clefs, quoique inusitées dans la pratique, sont obligatoires dans certains cas.

La blanche (moitié de l'unité) a une valeur de deux noires; la noire a une valeur de deux croches; la croche a une valeur de deux doubles-croches; la double-croche a une valeur de deux triples-croches; la triple-croche a une valeur de deux quadruples-croches. En résumant l'exemple précédent, on remarquera qu'une figure de note quelconque vaut deux fois celle qui la suit dans l'ordre progressif établi par la nomenclature donnée page 7.

§ 3.

DU POINT APRÈS LES NOTES.

En plaçant un point (.) après une note quelconque, on augmente cette note de la moitié de sa valeur ou durée. Ainsi :

Une ronde pointée vaut 5 blanches; une blanche pointée vaut 5 noires; une noire pointée vaut 5 croches; une croche pointée vaut 5 doubles-croches; une double-croche pointée vaut 5 triples-croches; une triple-croche pointée vaut 5 quadruples-croches.

CHAPITRE Iᵉʳ.

GAMME MINEURE.

De *la* à *si*, un ton; de *si* à *do*, un demi-ton; de *do* à *ré*, un ton; de *ré* à *mi*, un ton; de *mi* à *fa* dièze, un ton; de *fa* dièze à *sol* dièze, un ton; de *sol* dièze à *la* naturel, un demi-ton.

D. N'y a-t-il que sept degrés dans la gamme?

R. Non, il n'y a que sept degrés, qui se répètent à l'octave.

D. Qu'est-ce que l'octave?

R. L'octave est une note répétée à huit degrés plus haut ou plus bas, et formant le complément de la gamme. On entend aussi par octave l'assemblée de ces huit degrés.

D. Peut-il y avoir plusieurs octaves dans une gamme?

R. Oui, une gamme peut contenir plusieurs octaves, selon l'étendue de l'instrument dont on joue.

D. Les cinq lignes suffisent-elles pour écrire les différents octaves qui se trouvent dans l'étendue de la gamme?

R. Non, on se sert de petites lignes supplémentaires que l'on place au-dessous et au-dessus de la portée.

D. Combien peut-on écrire de notes sans avoir recours aux lignes supplémentaires?

R. Onze.

CHAPITRE DEUXIÈME.

DES CLEFS.

D. Qu'est-ce que la clef?

R. C'est un signe que l'on place au commencement de la portée.

D. Combien y a-t-il de clefs?

R. Il y en a trois : la clef de *sol*, la clef de *fa* et la clef d'*ut*.

D. A quoi sert la clef?

R. A faire connaître le nom des notes en donnant le nom à l'une d'elles, qui sert de point de départ pour les autres.

D. Quelle est cette note?

R. Celle qui est placée sur la ligne où l'on pose la clef.

D. Comment se place chacune de ces trois clefs?

R. La clef de *sol* se place sur la seconde ligne, la clef de *fa* sur la quatrième, et la clef d'*ut* sur la première, la deuxième, la troisième et la quatrième ligne.

CHAPITRE TROISIÈME.

DU NOM DES NOTES A LA CLEF DE *sol*.

D. La gamme suivante contient les onze notes qui s'écrivent sans ligne supplémentaire; nommez-les et dites comme elles sont placées?

R. Ré, mi, fa, sol, la, si, do, ré, mi, fa, sol.

Exemple. Le *ré* est placé en bas de la première ligne; le *mi* sur la première ligne; le *fa* entre la première et la deuxième ligne; le *sol* sur la deuxième ligne; le *la* entre la deuxième et la troisième ligne; le *si* sur la troisième ligne; le *do* entre la troisième et la quatrième ligne; le *ré* sur la quatrième ligne; le *mi* entre la quatrième et la cinquième ligne; le *fa* sur la cinquième ligne; le *sol* au-dessus de la cinquième ligne.

D. Combien y a-t-il de notes basses au-dessous de la portée et qui s'écrivent à la clef de *sol* au moyen de lignes supplémentaires?

R. Il y en a six : *mi, fa, sol, la, si, do.*

D. Dites comme elles sont placées?

R. Le *mi* a trois lignes supplémentaires, et est placé au-dessous; le *fa* a aussi trois lignes supplémentaires, mais il est placé dessous; le *sol* a deux lignes supplémentaires, et il est placé au-dessous; le *la* a aussi deux lignes supplémentaires, mais il est placé dessous; le *si* n'a qu'une ligne supplémentaire, et il est placé au-dessous; le *do* n'a aussi qu'une ligne supplémentaire, mais il est placé dessous.

D. Combien y a-t-il de notes hautes au-dessous de la portée et qui s'écrivent aussi à la clef de *sol*, au moyen de lignes supplémentaires?

R. Il y en a huit : *la, si, do, ré, mi, fa, sol, la.*

D. Dites comment elles sont placées?

R. Le *la* a une ligne supplémentaire, et il est placé dessus; le *si* a aussi une ligne, mais il est placé au-dessus; le *do* a deux lignes supplémentaires, et il est placé dessus; le *ré* a aussi deux lignes, mais il est placé au-dessus; le *mi* a trois lignes supplémentaires, et il est placé dessus; le *fa* a aussi trois lignes, mais il est placé au-dessus; le *sol* a quatre lignes supplémentaires, et il est placé dessus; le *la* a aussi quatre lignes, mais il est placé au-dessus.

D. Quelle musique écrit-on à la clef de *sol?*

R. On écrit sur la clef de *sol* la musique destinée aux instruments chantants, tels que le violon, la flûte, la violoncelle; le haut-bois, le cor, la trompette, la guitare. Quant à la musique de piano, on l'écrit sur la clef de *sol* par la main droite, et sur la clef de *fa* par la main gauche.

CHAPITRE QUATRIÈME.

DU NOM DES NOTES A LA CLEF DE *fa*.

D. Nommez les onze notes qui s'écrivent sans le secours des lignes supplémentaires?

R. Fa, sol, la, si, do, ré, mi, fa, sol, la, si.

D. Dites comment elles sont placées ?

R. Le *fa* est placé au-dessous de la portée ; le *sol* est sur la première ligne ; le *la* entre la première et la seconde ; le *si* est sur la seconde ; le *do* est entre la deuxième et la troisième ; le *ré* est sur la troisième ; le *mi* entre la troisième et la quatrième ; le *fa* sur la quatrième, qui est aussi la ligne de la clef ; le *sol* est entre la quatrième et la cinquième ; le *la* sur la cinquième, et le *si* au-dessous de la portée.

D. Combien y a-t-il de notes basses au-dessous de la portée et qui s'écrivent à la clef de *fa* au moyen des lignes supplémentaires ?

R. Il y en a sept : *fa, sol, la, si, ut, ré, mi.*

D. Dites comment elles sont placées ?

R. Le *fa* a quatre lignes supplémentaires, et il est dessus ; le *sol* a trois lignes supplémentaires, et il est au-dessous ; le *la* a aussi trois lignes, mais il est dessus ; le *si* a deux lignes supplémentaires, et il est au-dessous ; le *do* a aussi deux lignes, mais il est dessus, le *ré* a une ligne supplémentaire, et il est au-dessous ; le *mi* a aussi une ligne supplémentaire, mais il est au-dessus.

D. Combien y a-t-il de notes hautes au-dessus de la portée qui s'écrivent aussi à la clef de *fa* au moyen de lignes supplémentaires ?

R. Il y en a six : *ut, ré, mi, fa, sol, la.*

D. Dites comment elles sont placées ?

R. Le *do* a une ligne supplémentaire, et il est placé dessus ; le *ré* a aussi une ligne, mais il est placé au-dessus ; le *mi* a deux lignes supplémentaires, et il est placé dessus ; le *fa* a aussi deux lignes, mais il est au-dessus ; le *sol* a trois lignes supplémentaires, et il est placé dessus ; le *la* a aussi trois lignes, mais il est au-dessus.

§ 4.

DES SILENCES.

On a dû observer, en écoutant chanter ou exécuter un morceau de musique par plusieurs voix ou instruments, que certaines parties s'arrêtaient par intervalle, tandis que les autres continuaient.

Voici un tableau comparatif des silences, avec les valeurs des notes correspondantes.

La pause vaut une ronde; la demi-pause vaut une blanche; le soupir vaut une noire; le demi-soupir vaut une croche; le quart de soupir vaut une double-croche; le demi-quart de soupir vaut une triple-croche; le seizième de soupir vaut une quadruple-croche.

§ 5.

DES MESURES.

Il y a trois mesures-types ou trois divisions principales que l'on peut faire subir aux notes.

La première, dont la plus grande circonférence comprend une ronde, est celle à *quatre* temps. Elle se figure par le chiffre 4 ou par un grand *C ;* cette dernière forme est la plus usitée.

Voici de quelle manière on bat le mesure à quatre temps :

Premier temps (frappé); deuxième temps (à gauche); troisième temps (à droite); quatrième temps (en haut).

L'explication précédente indique assez qu'il faut décrire une croix dans l'espace pour *battre* cette mesure. Le premier temps se frappe dans la main gauche, ou sur tout autre point résistant, et les trois autres s'indiquent seulement en allant de gauche à droite, pour terminer en haut.

La seconde mesure est celle à *trois* temps. Elle se figure par le chiffre 4, ou ceux de 3 et 4 réunis. Exemple : 5/4.

Cette mesure comprend, dans sa plus grande circonférence, une blanche pointée.

On la bat ainsi : Premier temps (frappé); deuxième temps (à droite); troisième temps (en haut).

La troisième mesure est celle à *deux* temps. Elle se figure par un 2, ou, le plus ordinairement; par un grand *C* barré.

On la bat ainsi : Premier temps (frappé); deuxième temps (en haut).

A la rigueur une blanche devrait seule remplir toute la durée de cette mesure; mais l'usage y a introduit l'emploi de la ronde : dans ce cas, on ne divise pas cette figure de note par plus de seize doubles-croches, parce que trente-deux triples, et surtout soi-xante-quatre quadruples-croches ne pourraient être exécutées dans le court espace de deux temps.

§ 6.

DE L'INTONATION.

L'intonation est l'art de chanter avec justesse les notes écrites.

Avant de savoir quel ton on devra prendre pour solfier (c'est-à-dire chanter en nommant les notes) les exercices vocaux qui vont être bientôt donnés, il faut se rendre compte de l'espèce de voix que l'on possède.

Les voix humaines sont de trois espèces principales :

SOPRANE, voix d'enfants et de femmes.

TÉNOR, voix d'adolescents et d'hommes faits.

BASSE, voix d'hommes.

§ 7.

DES INTERVALLES SIMPLES RENFERMÉS DANS UNE GAMME ET DES INTERVALLES COMPOSÉS ET RENVERSÉS.

Les sept notes qui forment la gamme, et auxquelles on ajoute la répétition à l'octave du premier son, prennent génériquement le nom de *degrés ;* mais, lorsque l'on veut les distinguer les unes des autres, on leur donne le nom d'*intervalles*, en ajoutant l'adjectif numérique qui indique alors la place que chacun d'eux occupe dans la gamme à laquelle ils appartiennent tous.

Il y a deux espèces d'intervalles, la mélodique et l'harmonique.

L'intervalle *mélodique* est celui qui se produit en chantant ou en exécutant de suite plusieurs sons différents d'intonation. L'intervalle *harmonique* s'obtient en faisant entendre simultanément deux ou plusieurs sons différents. Ainsi, un air chanté par une seule voix privée de toute espèce d'accompagnement forme une suite d'intervalles *harmoniques* et *mélodiques* tout à la fois.

C'est toujours le premier son, ou le plus grave de la gamme, qui détermine la position et le nom de tous les intervalles qui concourent à former cette gamme elle-même.

Voici dans quel ordre les dièses se posent à la clef :

Le premier dièse se pose sur le *fa*, le second sur l'*ut*, le troisième sur le *sol*, le quatrième sur le *ré*, le cinquième sur le *la*, le sixième sur le *mi*, le septième sur le *si*.

Les bémols se posent dans l'ordre suivant :

Le premier bémol se pose sur le *si*, le second sur le *mi*, le troisième sur le *la*, le quatrième sur le *ré*, le cinquième sur le *sol*, le sixième sur l'*ut*, le septième sur le *fa*.

Observons, une fois pour toutes, que l'on ne peut poser le second dièse ou bémol sans poser aussi le premier, et ainsi des autres qui suivent le second, le troisième ou le quatrième, etc., d'après le besoin que l'on peut avoir d'en employer un plus grand nombre.

On ne pose jamais de bécarre au début d'un morceau, à moins que ce morceau n'ait été précédé d'une autre composition diésée ou bémolisée, et lui servant en quelque sorte d'introduction ; dans ce cas, on met autant de bécarres que l'on a besoin d'ôter de dièses ou de bémols. Enfin, un morceau de début, ayant sa clef armée de bécarres, serait un non sens musical.

GAMMES FORMÉES PAR LES DIÈSES

Chaque dièse posé à la clef rend le son qu'il affecte *note sensible* du ton principal majeur dans lequel est le morceau tout entier. Ainsi, puisque le *fa* (première note qui peut être diésée) est la note sensible ou septième du ton de *sol*, avec un dièse à la clef, on est en *sol* majeur ; avec deux, en *ré* majeur ; avec trois, en *la* majeur ; avec quatre, en *mi* majeur ; avec cinq, en *si* majeur ; avec six, en *fa* majeur ; avec sept, en *ut* dièse majeur.

Mais, comme les deux tons-types d'*ut* majeur et de *la* mineur ne prennent pas de signes accidentels à la clef, il suit que, avec un dièse à la clef, on peut être soit en *sol* majeur, ou en *mi* mineur ; avec deux dièses, en *ré* majeur ou en *si* mineur ; avec trois dièses, en *la* majeur ou en *fa* mineur ; avec quatre dièses, en *mi* majeur ou en *ut* mineur ; avec cinq dièses, en *si* majeur ou en *sol* mineur ;

avec six dièses ; en *fa* majeur ou en *ré* mineur ; avec sept dièses, en *ut* dièse majeur ou en *la* dièse mineur.

Remarquez que le ton mineur relatif d'un ton majeur a toujours à sa tonique une tierce au-dessous de celle du majeur dont il dérive.

Pour hausser d'un demi-ton les sixième et septième degrés de la gamme de *la* dièse mineur, on est obligé d'employer un signe appelé DOUBLE-DIÈSE. Placé devant une note naturelle, il l'augmente de deux demi-tons (cette position n'est pas usitée), et, placé devant une note déjà diésée, il la hausse seulement d'un demi-ton, ainsi que cela se pratique plus communément, comme on vient de le dire au commencement de ce paragraphe.

GAMMES FORMÉES PAR LES BÉMOLS.

Le premier bémol se pose toujours à la clef sur la *sous-dominante* (ou quatrième degré supérieur) à la tonique dont il détermine le nom générique. De même que, pour les tons mineurs diésés, on trouve la tonique mineure relative aux sons bémolisés une tierce inférieure au-dessous du premier degré de chaque nouvelle gamme majeure bémolisée, ainsi : avec un bémol posé à la clef, on est en *fa* majeur ou en *ré* mineur, avec deux bémols, en *si* majeur ou en *sol* mineur ; avec trois bémols, en *mi* majeur ou en *ut* mineur ; avec quatre bémols, en *la* majeur ou en *fa* mineur ; avec cinq bémols, en *ré* majeur ou en *si* mineur ; avec six bémols, en *sol* majeur ou en *mi* mineur ; avec sept bémols, en *ut* bémol majeur ou en *la* bémol mineur.

Lorsque l'on veut rendre accidentellement mineure la tierce du ton d'*ut* bémol majeur, on est obligé d'employer le DOUBLE-BÉMOL. Placé devant une note naturelle (ce qui ne se pratique presque jamais), il la baisse de deux demi-tons, et, mis devant une note déjà bémolisée, il ne la baisse que d'un nouveau demi-ton.

En terminant cette section, observons que les tons formés par plus de cinq dièses ou cinq bémols sont peu pratiqués, à cause des difficultés d'exécution qu'ils offrent à certains instruments, mais que les voix humaines peuvent les aborder sans crainte, parce que pour elles il n'y a de fait que deux tons : ceux d'*ut* majeur et de *la* mineur, et que ces tons, haussés ou baissés pàr l'effet naturel à chacun des signes accidentels, embarrassent plutôt les yeux des chanteurs que leurs oreilles. Il suffit donc que la mélodie écrite avec beaucoup de dièses ou de bémols soit chantable, c'est-à dire formée d'une suite d'intervalles mélodieux, expressifs, appropriés au sujet, et, avant tout, ne dépassant pas les limites naturelles des voix qui devront l'exécuter. C'est pour cette raison que l'on a dit avec beaucoup de justesse : que la voix était l'*instrument le plus parfait.*

Ajoutons que les accents de la voix humaine, trouvant un écho vivant dans notre propre organisation, doivent naturellement la pénétrer avec plus de force et de charme que toute autre espèce de *voix factices*, ou d'instruments créés par la main des hommes, afin d'imiter ou d'accompagner l'instrument humain ; cette sublime création de l'auteur de toutes choses !

§ 8.

DES MESURES COMPOSÉES ET DÉRIVÉES.

Les trois mesures-types, dont nous avons parlé dans une des sections précédentes, ont pour relatives d'autres mesures amplificatives ou diminutives de chacune d'elles. Ces mesures, *composées* et *dérivées*, se battent de la même manière que les radicales ou primitives dont elles dérivent ; mais elles en diffèrent par l'indication en chiffres et la valeur des notes qui peuvent remplir la durée ou circonférence de chacune d'elles.

La mesure à *quatre temps* n'a qu'une seule mesure composée, celle à *douze-huit.*

Une ronde pointée, deux blanches ou quatre noires pointées, douze croches divisées par trois, ou vingt-quatre doubles-croches divisées par six, peuvent remplir cette mesure qui, de même que sa radicale, se bat à *quatre temps.*

La mesure à *trois temps* a une mesure composée, celle à *neuf-huit*, et une mesure dérivée, celle à *trois-huit.*

La première de ces deux mesures est remplie par une blanche

et une noire pointées, par trois noires pointées, neuf croches divisées par trois, ou dix-huit doubles-croches divisées par six pour chacun des trois temps.

La seconde mesure dérivée, celle à *trois-huit*, est remplie par une noire pointée, trois croches, six doubles-croches ou douze triples-croches divisées par quatre pour chaque temps. Ces deux mesures se battent à trois temps comme leur radicale.

La mesure à *deux temps* a également deux mesures relatives. Celle à deux-quatre et celle à six-huit. La première est dérivée et la seconde composée.

Une blanche, deux noires, quatre croches, seize doubles-croches ; trente-deux triples-croches remplissent la mesure à deux-quatre.

Une blanche pointée, deux noires pointées, six croches divisées par trois, douze doubles-croches divisées par six pour chaque temps remplissent la mesure à six-huit, qui, de même que celle à deux-quatre, se bat à deux temps.

§ 8.

DES TRIOLETS, QUARTOLETS, QUINTOLETS, SEXTOLETS, ETC.

On emploie souvent, dans la notation musicale, un artifice qui consiste à placer trois notes là où la mesure n'en exige que deux pour être remplie. D'autres fois, on en met quatre pour trois, cinq pour quatre ou six pour quatre, etc. Ces notes en plus ne doivent pas prendre plus de temps à être chantées ou exécutées que les notes simples auxquelles elles sont ajoutées n'en exigent dans l'économie de la mesure ; c'est pour cette raison qu'on leur donne le nom de l'espèce de valeur de notes avec laquelle on les formule ; et, pour ne pas induire en erreur l'exécutant, on surmonte d'un chiffre indicateur les groupes de triolets, quartolets, quintolets, etc.

Dans une mesure à *quatre temps*, on ne peut faire de triolets qu'avec des noires et des croches mêlées, ou seulement avec des croches formant un groupe de trois par temps ; mais, dans une mesure à *deux temps*, on peut faire un triolet formé d'une blanche

et d'une noire, ou deux triolets : le premier affecté au premier temps, et le second au deuxième temps de la mesure. Les triolets en noires et ceux en croches peuvent également remplir cette mesure. La mesure à *trois temps* ne peut avoir de triolets qu'en noires et croches mêlées, ou en croches ou en doubles-croches liées par trois, six ou neuf.

De toutes les mesures composées, celle à *deux-quatre* et à *trois-huit* peuvent être remplies par des triolets, soit de croches et doubles-croches mêlées, soit en doubles-croches divisées par trois, par six ou par neuf.

Quant aux mesures composées à *douze-huit, neuf-huit* et *six-huit*, comme elles sont formées elles-mêmes de triolets qui leur sont naturels, il est impossible de leur en ajouter en croches ; mais en doubles ou triples-croches, cela est plus facile, quoique ce soit très-peu usité.

Nous ajouterons que les véritables triolets, ceux que l'on introduit dans les mesures à quatre, deux, trois temps, deux-quatre et trois-huit, donnent à la mélodie un *sautillement* qu'elle n'a pas dans les mesures naturelles à triolets comme le sont celles à *douze-huit, neuf-huit* et *six-huit*.

§ 9.

ABRÉVIATIONS ; SIGNES D'EXPRESSION ; TERMES ITALIENS, INDICATEURS DES MOUVEMENTS ET DE L'EXPRESSION A DONNER A LA MUSIQUE, AVEC LEUR TRADUCTION FRANÇAISE EN REGARD ; DE LA TRANSPOSITION MUSICALE.

Lorsqu'une figure de notes semblables, et même un passage d'une mesure au plus de durée, se répètent plusieurs fois de suite, on emploie un signe d'*abréviation* afin de s'éviter la peine d'écrire plus d'une fois de suite la même fraction mélodique. C'est surtout dans la musique instrumentale que l'on se sert le plus des abréviations.

Si l'on veut abréger l'écriture de quatre noires semblables, on place quatre petits points au-dessus d'une ronde.

Si c'est huit croches que l'on veut abréger, on met une barre au-dessous de la ronde.

Le nombre des barres s'augmente en raison de la subdivision que l'on veut produire. Deux barres signifient, dans ce cas, seize doubles; trois barres, trente-deux triples, et quatre barres, soixante-quatre quadruples croches.

Si c'est un quadruple triolet de croches que l'on veut faire sur la ronde, on surmonte cette figure du chiffre 12; on place au-dessous d'elle une barre de croches, et on l'augmente de quatre croches au moyen du point que l'on place à sa droite.

Les autres figures de notes d'une moindre valeur que la ronde subissent naturellement une abréviation analogue à leur durée dans la mesure.

Souvent aussi on répète la même note au moyen d'un petit trait reproduit autant de fois que l'on veut répéter la note d'abord écrite.

Les SIGNES D'EXPRESSION sont de plusieurs sortes; les uns s'emploient pour donner plus de douceur à une ou plusieurs notes, les autres pour les faire attaquer avec plus de vigueur; mais leur but à tous est de nuancer la sonorité vocale ou instrumentale, en contrastant les idées générales, accessoires et même moins qu'épisodiques de toute espèce de musique.

Exemple de signes de diminution, quant au volume du son, ayant en regard leur signification italienne et la traduction française,

	Italien.	Traduction française.
P	*Piano.*	Doux.
PP.	*Pianissimo.* . . .	Très-doux.
Dol.	*Dolce.*	Doux, mais avec plus d'expression affectueuse que lorsqu'il y a *P* ou *PP*.
Dim.	*Diminuendo* . . .	En diminuant le son.
Smors. . . .	*Smorzando.* . . .	En éteignant le son.
Decresc. . .	*Decrescendo.* . . .	En faisant décroître.
Sotto voce. .	. . . .	A demi-voix.

Exemples de signes d'augmentation, quant au volume du son, ayant également en regard l'abréviation, le mot entier en italien, et la traduction française en regard.

	Italien	Traduction française.
MF.	*Mezzo forte.*	Demi-fort.
F.	*Forte.*	Fort.
FF.	*Fortissimo.*	Très-fort.
Rinf.	*Rinforzando.*	En renforçant le son.
SFZ.	*Sforzando.*	En forçant le son.
Tutta forza.		Avec toute la force dont on est capable.
Plena voce.		A pleine-voix.
Cresc.	*Crescendo*	En augmentant le son.

Les mots *poco à poco* (peu à peu) s'ajoutent aussi quelquefois avec les signes d'augmentation et de diminution. Il suffit de les comprendre pour bien les appliquer.

Quoique dans la nature il n'y ait que deux nuances, le *fort* et le *doux*, on a vu précédemment que ces deux types de l'intensité sonore étaient susceptibles d'éprouver beaucoup de modifications augmentatives ou diminutives.

Nous en dirons autant à l'égard des mouvements ou degrés de lenteur ou de vitesse que l'on peut imprimer à un morceau de musique. Ces deux degrés sont donc de deux espèces bien différentes : *lent* et *vif;* mais ils subissent peut-être encore plus de modifications que les nuances *piano* et *forte.*

Voici la liste des mouvements ou degrés de lenteur écrits en italien, avec la traduction française en regard.

	Largo.	Large.
	Larghetto.	Moins large.
	Lento	Lent.
	Grave.	Gravement.
	Adagio	Lent et solennel.
	Un poco lento.	Un peu lent.
	Cantabile	En chantant avec ampleur et sans se presser.
And.	*Andante.*	En allant sans se presser.
*And*ⁿᵒ.	*Andantino.*	En allant un peu plus vite, mais sans se presser pourtant.
*Mod*ᵗᵉ.	*Moderato*	Modérément.

Presque toujours deux termes italiens sont réunis ensemble; la première indication est, dans ce cas, celle du mouvement, et la seconde celle du caractère général de la pièce de musique.

Liste des mouvements ou degrés de vitesse écrits en italien, avec la traduction française en regard.

All⁰..	*Allegro*. . . .	Vif, animé, gai.
All¹⁰.	*Allegretto*. . .	Moins vif que le précédent.
	Presto.	Pressé, vite.
	Prestissimo . .	Très-pressé.
	Presto assai. .	Excessivement pressé.

TERMES ACCIDENTELS.

	Allegramente..	En se réjouissant.
	Spiritoso . . .	Avec esprit, douce joie.
	Con gusto. . .	Avec goût.
	Con grazia . .	Avec grâce.
	Con fuoco. . .	Avec feu.
	Con dolore. . .	Avec douleur.
	Con eleganza..	Avec élégance.
	Con goja . . .	Avec joie.
	Marcato. . . .	Marqué.
Stac.	*Staccato*. . . .	Détaché.
Rall.	*Rallentendo* . .	En ralentissant.
Ritard.	*Ritardando* . .	En retardant.
	Doloroso . . .	Douloureux.
	Più mosso. . .	Plus mouvementé.
	Meno mosso. .	Moins mouvementé.

TERMES INDIQUANT UNE SORTE D'EXÉCUTION PARTICULIÈRE.

Battute	Battues avec l'archet sur les cordes.
Pizziccato.	En pinçant la corde.
Cor arco.	En jouant avec l'archet.

TERMES FACULTATIFS.

Ad libitum.	A volonté.
A piacere	Suivant son bon plaisir.
A tempo.	En reprenant le mouvement.
1° tempo.	1er mouvement repris.

TITRES ITALIENS DE CERTAINES ESPÈCES DE COMPOSITIONS.

Alla capella.— En style de chapelle, à deux temps vifs.

Minuetto.— Menuet. Autrefois ce trois temps était fort lent ; on le dansait même avec une gravité toute magistrale ; aujourd'hui, il est d'un mouvement très-vif et comporte de très-grands développements. On ne le danse plus ; la valse a pris sa place dans le quadrille moderne.

Andante.— Se dit aussi d'une sorte de morceau de musique d'un caractère lent et grandiose. Dans les symphonies, trios, quatuors, sonates, etc., l'*andante* est toujours le troisième morceau ; il vient après le *minuetto*.

Adagio.— Synonyme du précédent.

Duo.— A deux parties.

Trio.— A trois parties.

Quatuor.— A quatre parties.

Quartetto.— Composition d'instruments à cordes pour deux violons, alto et violoncelle.

Quintuor.— A cinq parties.

Quintetto.— Composition à cinq parties pour instruments à cordes ou à vent.

Sextuor.— A six parties.

Septuor.— A sept id.

Octuor.— A huit   id.

Nonetto.— A neuf id.

Sinfonia.— Synonyme d'ouverture chez les Italiens ; mais en France et en Allemagne, une symphonie est un morceau complexe instrumental qui s'exécute dans les concerts sérieux.

Messa.— Messe.

Aria di chiesa.— Air d'église.

Oratorio.— Espèce d'opéra sacré destiné au concert.

Cavatina.— Cavatine, sorte d'*andante* vocal destiné à faire briller le goût et l'expression d'un chanteur. La cavatine est toujours précédée d'un *recitativo obligato* (récitatif obligé) et suivi de l'*allegro*, qui, dans ce cas, est tout à la fois mouvement vif et le morceau générique connu sous ce nom.

Opera seria.— Grand opéra sérieux avec récitatifs, airs, duos, trios, quatuors et finales (morceaux d'ensemble qui terminent les actes du drame lyrique).

Opéra semi-seria. — Grand opéra, le même que le précédent sous le rapport du genre de morceaux, mais dont le fable théâtrale présente des incidents quelquefois d'un comique modéré.

Opéra buffa. — Opéra comique, mais dans lequel la prose parlée de ce genre tout français est remplacée par du récitatif débité, c'est-à-dire passant vite, et se *parlant* presque; tandis que le *récitatif obligé* comporte des phrases mélodiques d'une certaine étendue.

Opéra. — OEuvre. On se sert aussi de ce mot mis en abrégé (*Op.*) pour indiquer l'ordre numérique des œuvres d'un compositeur. Exemple : HAYDN, quartetto, *op.* 10.

§ 10.

DE DA TRANSPOSITION MUSICALE.

Au moyen du changement ingénieux de la clef, écrite en tête d'un morceau, en une autre clef fictivement posée à sa place, on obtient la *transposition* du ton lorsqu'il est écrit ou trop haut ou trop bas pour la voix. Quelquefois, il suffit de changer un ton diésé en son synonyme bémolisé pour obtenir une transposition qui, quoique n'exigeant pas le changement de la clef, peut être d'un secours très-efficace.

Dans certains tons transposés, les signes accidentels changent souvent de figure; c'est-à-dire que le dièse devient bécarre, le bécarre bémol, et à ce dernier, dièse. Un exercice journalier, la lecture d'ouvrages encore très-rares sur ce sujet, et surtout la non-naissance parfaite des clefs à toutes leurs positions, mettront bientôt le lecteur à même de transposer toute espèce de musique.

www.ingramcontent.com/pod-product-compliance
Lightning Source LLC
Chambersburg PA
CBHW061800040426
42447CB00011B/2403